Kaffee & Espresso

die Kaffeebar zu Hause

> Autorin: Tanja Dusy | Fotos: Jörn Rynio

Inhalt

Theorie

Die Rezepte

Extra

Einfach stark

Kaffee ist beliebt wie nie. Französische Bistros, italienische und amerikanische Kaffeebars eröffnen uns neue Geschmackswelten. Ein schaumig-cremiger Cappuccino und der Tag ist gerettet, eine Schale Melange mit einem Stück Sachertorte und man ist fast schon in Wien.

Mit einer guten Tasse Kaffee bringt man Farbe in den grauen Alltag und mit den richtigen Rezepten die Kaffeebar ins Haus. Darum viel Spaß mit unserer kleinen Reise in die Welt des Kaffees!

Wissenswertes über Kaffee

Kaffee – heiß geliebt

Für viele ist sie der einzig gute Start in den Tag: die erste Tasse Kaffee am Morgen. Aber auch tagsüber gehört Kaffee inzwischen einfach „dazu“: nach dem Essen als Verdauungstrunk, als Fitmacher im Büro oder einfach zum Vergnügen nach dem Einkaufsbummel. Kaffee wird in allen Ländern gleichermaßen gern, aber oft vollkommen unterschiedlich genossen. Typische italienische Cafés, coole amerikanische Coffeebars oder die gemütlichen Wiener Kaffeehäuser brachten uns ihre Kaffeekultur in den letzten Jahren näher und machen das Alltagsgetränk zum Kult.

1 *Die Kaffeebäume tragen Blüten und Früchte gleichzeitig.*

Seine Herkunft

Ursprünglich stammt Kaffee wohl aus Abessinien, dem heutigen Äthiopien. So soll auch die dortige Provinz Kaffa Namensgeberin sein. Aus Afrika gelangte der Kaffeeanbau in den Jemen, der schon bald die gesamte arabische Welt mit Kaffee versorgte.
Zu Beginn des 17. Jahrhunderts wurden von der jemenitischen Hafenstadt Mokka aus erstmals Kaffeebohnen nach Italien gebracht. Und spätestens seit der Belagerung Wiens durch die Türken 1683 trat der Kaffee dann seinen Siegeszug durch ganz Europa an: Die abziehenden Türken hatten hunderte von Säcken mit Kaffee zurückgelassen; ein schlauer Wiener nutzte die Gunst der Stunde und eröffnete flugs das erste Kaffeehaus der Stadt.
Kaffee war zunächst rar und teuer und deshalb vor allem den aristokratischen Schichten vorbehalten. Um der großen Nachfrage gerecht zu werden, richteten die Kolonialmächte daher Plantagen in allen geeigneten subtropischen Gebieten ein. Ein richtiges Volksgetränk wurde Kaffee allerdings erst im Zeitalter der Industrialisierung, in deren Zuge sich auch die Methoden zur Kaffeeverarbeitung vereinfachten und das Luxusgetränk wenigstens etwas erschwinglicher wurde.

2 *Die „Kaffeebohnen“ sind eigentlich die Samen der kirschenähnlichen Steinfrüchte des Kaffeebaums.*

Kaffeeanbau heute

Heute wird Kaffee vor allem im so genannten „Kaffeegürtel“ entlang des 28. Breitengrades kultiviert. Hier herrschen ideale Verhältnisse für Kaffeeanbau: warm-feuchtes Klima mit konstanter Temperatur um 17–23 ° ohne Frostgefahr selbst in Höhenlagen. Die bedeutendsten Produzentenländer sind heute Brasilien, Kolumbien und Indonesien.

Die Kaffeepflanzen

Zwei Kaffeepflanzenarten konnten sich im Laufe der Zeit durchsetzen: Coffea Arabica und Coffea Robusta sind heute die beiden gängigsten Handelssorten.
Arabica-Kaffee zeichnet sich durch seinen niedrigen Säure- und Koffeingehalt aus und hat einen feinen, süßlichen Geschmack. Er gedeiht in Höhenlagen von 800–2000 Metern und ist leider sehr anfällig gegen Schädlinge und Frost. Widerstandsfähiger ist dagegen, wie der Name schon sagt, die Robustapflanze, die allerdings nur in Lagen von 300–800 Metern wächst. Robustakaffee ist bitterer, hat einen höheren Säuregehalt, weniger Aroma und mehr Koffein als Arabica.

3 *Das spezifische Kaffeearoma entsteht erst durch das Rösten.*

Die Verarbeitung

Kaffeebohnen sind eigentlich die Samen der kirschähnlichen Frucht des Kaffeebaums. Darin sind jeweils zwei Bohnen, von einer pergamentartigen Haut umhüllt, die entfernt werden muss. Dazu gibt es zwei Methoden: bei der so genannten „trockenen" werden die ganzen Früchte solange getrocknet, bis sich die Bohnen aus der Hülle lösen lassen. Bei der aufwändigeren „nassen Methode" werden die Bohnen während des Waschvorgangs aus den Schalen gequetscht und dann erneut gewaschen und getrocknet. Die fast farb- und geruchlosen Kaffeebohnen müssen nun geröstet werden. Erst so erhalten sie ihren jeweils spezifischen Geschmack und Duft. Temperatur und Dauer der Röstung sind dabei ausschlaggebend; so werden z. B. Bohnen für Espresso mit am längsten geröstet.

Die Zubereitung

Das Prinzip ist im Grunde immer dasselbe: Die gerösteten, zerkleinerten Bohnen werden mit heißem Wasser übergossen. Doch genau hier beginnen die feinen Unterschiede, angefangen beim Mahlgrad. Kaffee schmeckt grundsätzlich am besten frisch gemahlen und sollte nicht zu lange und gut verschlossen aufbewahrt werden. Für normalen Filterkaffee werden die Bohnen mittelfein gemahlen, für türkischen Mokka möglichst fein und für italienischen Espresso dagegen eher grob.
Ob man das Kaffeepulver nun mit der Hand filtert, mit Glasfilter- oder Espressokanne zubereitet, auf türkische Art oder mit der Maschine, hängt vor allem vom persönlichen Geschmack ab. Einzelne Methoden werden auf den folgenden Seiten vorgestellt, können aber einfach auch nach Bedarf variiert werden.

Kaffee – richtig zubereitet

1 Espressomaschinen

Toll für alle, die viel Kaffee trinken. Die Betriebssysteme variieren je nach Hersteller. Beim Kauf wichtig: Auf ausreichend Druckstärke achten und darauf, dass ein Dampfrohr zum Milch aufschäumen vorhanden ist.

2 Espresso- und Glasfilterkanne

Preiswert und passend für jeden Haushalt. Beide ersparen Filtertüten und ergeben schnell aromatischen Kaffee. Sie sind in unterschiedlichen Größen und Ausführungen im Handel erhältlich.

3 Milchschaumtopf

Darin lässt sich heiße Milch für Cappuccino, Latte macchiato etc. aufschäumen. Ein integriertes Sieb wird dazu von Hand mehrmals rasch auf- und abbewegt und bringt so Luft unter die Milch.

4 Milchaufschäumer

Das batteriebetriebene Minigerät mit dem kleinen Quirl spart Muskelkraft beim Milchaufschäumen. Es eignet sich außerdem wunderbar für Milchshakes und Drinks, aber auch für Salatsaucen.

Profis schwören natürlich auf ihre Espressomaschine. Guter Kaffee lässt sich aber auch mit wenig Aufwand zubereiten. Wichtig ist vor allem die Qualität des Kaffees und das Mengenmischverhältnis. Grundsätzlich gilt:

- Für 1 Tasse Kaffee: 150 ml Wasser und ca. 8–10 g (1 ML) Kaffeepulver (möglichst frisch gemahlen).
- Für 1 Tasse Espresso: 70–90 ml Wasser und ca. 6–8 g (1 ML) Espressopulver. Die exakte Mengenangabe ist eine Frage des persönlichen Geschmacks, der Mahlstärke des Kaffees und der Druckstärke der Kaffeemaschine.

TIPP

In den Rezepten gilt, wenn nicht anders angegeben, die oben genannte Mengenangabe. **„Doppelt starker Kaffee“** heißt: Doppelte Menge Kaffee auf dieselbe Menge Wasser; also statt 10 g 20 g Kaffee auf 150 ml Was-

Vier internationale Kaffeeklassiker

Türkischer Kaffee

Dazu ca. 1/8 l kaltes Wasser mit 2 TL Zucker in einen kleinen Topf oder türkischen „Cezve" (ein schmales Messingtöpfchen mit langem Griff) geben und verrühren. 2 gehäufte TL fein gemahlenes Kaffeepulver (Mokka) dazugeben und unter Rühren erhitzen (es soll sich leichter Schaum auf der Oberfläche bilden). Sobald der Kaffee brodelnd zu kochen beginnt, 1/3 davon in die Tasse abgießen. Den Vorgang wiederholen, dann den Rest in die Tasse gießen. Jetzt nur noch das Kaffeepulver absetzen lassen und heiß genießen.

Cappuccino

Cappuccino besteht zu gleichen Teilen aus Espresso und aufgeschäumter Milch: Man benötigt daher 1 Tasse frisch aufgebrühten Espresso (s. S. 8) und ca. 75 ml Milch (möglichst fettarme, Vollmilch überdeckt den Kaffeegeschmack). Den besten Schaum erhält man mit der Dampfdüse der Espressomaschine. Ansonsten die Milch in einem Topf erhitzen und dann mit dem Milchaufschäumer oder notfalls mit dem Schneebesen schaumig schlagen. Die Milch zügig auf dem Espresso verteilen. Nach Wunsch mit Kakaopulver bestäuben.

Café au lait

Für den französischen Morgenkaffee werden Kaffee und Milch im gleichen Mengenverhältnis in die typische Trinkschale gegossen. Dazu empfiehlt sich die Zubereitung in der Glasfilterkanne: 10 g stark geröstetes Kaffeepulver mit 150 ml siedend heißem Wasser überbrühen und 3–5 Min. ziehen lassen, den Filterkolben nach unten drücken. 150 ml Milch erhitzen, nicht kochen lassen. Kaffee und Milch gleichzeitig in die Tasse gießen. Noch aromatischer wird das Ganze, wenn man etwas Zichorie oder ersatzweise Getreidekaffee zum Kaffeepulver gibt.

Wiener Melange

Hierbei handelt es sich schlicht um eine Mischung aus Kaffee mit heißer Milch. Die durch das jeweilige Mischverhältnis bestimmte Farbe der Melange war in Wien Anlass beinahe philosophischer Diskussionen, und jedes Kaffeehaus hat sein eigenes Rezept. Grundsätzlich gilt jedoch: Aus 150 ml Wasser und 8–10 g kräftig geröstetem Kaffee- oder Espressopulver einen Kaffee brühen. In eine Tasse geben und ca. 150 ml heiße (nicht kochende) Milch darauf gießen.

Espresso kochen

„Caffè" nennen die Italiener schlicht ihren Espresso. Und in der Tat, egal, ob mit einer professionellen Maschine oder aber in der klassischen Schraubkanne zubereitet: Espresso ist der Inbegriff von Kaffee und Grundlage für viele andere Getränke wie z. B. Cappuccino, Latte macchiato, etc.: Klein, stark und schwarz lautet die Devise; wer will, süßt seinen Espresso mit Zucker – Milch ist dagegen eher verpönt.

Für das Espresso-Grundrezept braucht es lediglich guten, möglichst frisch gemahlenen Espressokaffee, der etwas stärker geröstet ist als normaler Filterkaffee (Arabica-Kaffee ist hier ideal) und richtig heißes Wasser.

Espresso aus der Schraubkanne

FÜR EINE TASSE

- **1 Messlöffel Espresso-Kaffeepulver (à ca. 6–8 g)**
- **70–90 ml frisches, möglichst kalkarmes Wasser**
- **Zucker nach Belieben**

1 *Espressokanne aufschrauben, entsprechende Wassermenge einfüllen (das Ventil darf nicht bedeckt sein).*

2 *Pro Tasse einen Messlöffel Kaffee in das Sieb füllen, glatt streichen – nicht anpressen. Dann das Sieb in das Kannenunterteil setzen.*

3 *Kanne auf höchster Herdplattenstufe erhitzen. Sobald der Espresso zischend in das Steigrohr fließt, vom Herd nehmen.*

4 *Fertigen Espresso einmal in der Kanne umrühren und in möglichst vorgewärmte Tassen gießen. Nach Belieben mit Zucker süßen.*

Kaffee aromatisieren

Karamellsirup

ür ca. 200 ml Sirup 200 g ucker in einen Topf geben ınd bei mittlerer Hitze oldbraun karamellisieren assen. Mit 250 ml Wasser orsichtig ablöschen. Den esten Karamell wieder om Topfboden loskochen assen und bei schwacher Hitze ca. 10 Min. köcheln assen. Den Sirup in eine lasche füllen und verschließen. Hält im Kühlschrank ca. 1 Jahr.

➤ Vanillesirup: ausgekratztes Mark und Vanilleschote mit dem Wasser zum Zucker geben. Vanilleschote aus fertigem Sirup entfernen.

➤ Mandelsirup: 1 EL Bittermandelaroma und nach Belieben 1 EL Amaretto unter den fertigen Karamellsirup mischen.

Fruchtsirup

Für 400 ml Sirup 200 g Zucker und 1/2 l Fruchtsaft (z. B. Kirsch-, Johannisbeer- oder frisch gepresster Orangensaft) in einem Topf gut verrühren. Bei mittlerer Hitze offen 10–15 Min. kochen, bis die Flüssigkeit dickflüssiger wird. Fertigen Sirup in eine Flasche füllen und im Kühlschrank aufbewahren. Hält ca. 1 Jahr.

➤ Der Sirup lässt sich zusätzlich mit Gewürzen wie z. B. einer Prise Zimt-, Nelken- oder Ingwerpulver, oder mit etwas abgeriebener Zitronen- oder Orangenschale aromatisieren; die Gewürze dazu einfach mit dem Saft mitkochen. Bei Verwendung von Zitronen- oder Orangenschale den Sirup durch ein Sieb abgießen.

Kaffeesirup

Für ca. 250 ml Sirup 200 g Zucker mit 100 ml Wasser in einen Topf geben. Den Zucker unter Rühren auflösen und bei starker Hitze unter Rühren ca. 5 Min. kochen lassen. 200 ml starken, frisch gekochten Espresso zugießen und den Topf sofort vom Herd nehmen. Den fertigen Sirup in eine Flasche füllen und im Kühlschrank aufbewahren. Hält ca. 1 Jahr.

➤ Der Sirup lässt sich durch 1 Prise Kardamom-, Zimt- oder Nelkenpulver oder 1–2 EL Cognac oder Orangenlikör zusätzlich aromatisieren. Er eignet sich sehr gut für Milchshakes. Besonders lecker schmeckt dieser Sirup über Eis und Desserts gegossen.

Was noch zu Kaffee passt:

➤ **Gewürze:** Kardamom-, Zimt-, Nelken-, Ingwerpulver oder etwas abgeriebene Orangenschale einfach mit dem Kaffeepulver aufbrühen oder unter den fertigen Kaffee rühren und kurz ziehen lassen.

➤ **Brände und Liköre:** Klassiker wie Obstbrände, Grappa oder Cognac einfach in den fertigen Kaffee rühren. Liköre wie z. B. Amaretto, Orangen-, Kaffee-, Schoko- oder Eierlikör in den Kaffee geben. Auch ganz pfiffig: Alkohol oder Sirup mit Sahne steif schlagen und als Haube auf den Kaffee setzen.

➤ **Sahne und Eis:** Geschlagene Sahne pur, gezuckert, mit Schokosplittern oder Keksbröseln verfeinert oder mit Gewürzen oder Alkohol aromatisiert krönt jede Tasse Kaffee. Die Eissorten Vanille, Schokolade, Mokka oder Nuss schmecken besonders gut in heißem Kaffee, aber auch im Eiskaffee.

Einfach nur Kaffee

Mit Milch oder Zucker? Kaffee nur in dieser Kombination ist eigentlich viel zu schade. Er lässt sich nämlich wunderbar mit Gewürzen, Sirupen oder Likören aufpeppen, mit Eis mischen oder mit Sahne krönen. Klassiker wie Irish Coffee und Eiskaffee oder neue Kreationen wie Mandarinen-Mokka-Smoothie oder Kräuter-Kaffee-Cocktail zeigen die ganze Bandbreite.

Blitzrezepte

Pflümli-Kaffee

FÜR 2 PORTIONEN

➤ **3 EL Zwetschgenmus | 1 Prise Nelkenpulver | 3 EL Zwetschgenwasser (nach Belieben) | 40 g Schlagsahne | 1 TL Zucker | 300 ml heißer Kaffee | Kakaopulver | Zimtpulver zum Bestreuen**

1 | Das Zwetschgenmus mit dem Nelkenpulver und 2 EL Zwetschgenwasser (ersatzweise Wasser) in einem Topf glatt rühren und bei schwacher Hitze erwärmen.

2 | Die Sahne mit dem Zucker und nach Belieben dem restlichen Zwetschgenwasser nur leicht, nicht ganz steif schlagen.

3 | Den Kaffee zum Zwetschgenmus gießen und das Kakaopulver dazugeben. Mit dem Schneebesen durchrühren und in 2 Tassen gießen. Schlagsahne darauf verteilen, leicht einrühren und mit Zimt bestäuben.

Eiskaffee

FÜR 2 PORTIONEN

➤ **100 g Sahne | 1 EL Vanillezucker 4 Kugeln Vanilleeis | 300 ml möglichst gut gekühlter Kaffee | Schokospäne zum Garnieren**

1 | Die Sahne mit dem Vanillezucker steif schlagen. Das Vanilleeis auf 2 Gläser oder Eispokale verteilen. Den Kaffee über das Eis gießen.

2 | Die Schlagsahne auf dem Kaffee verteilen oder mit der Spritztülle darauf spritzen und mit Schokospänen bestreuen. Wer will, kann den Kaffee zusätzlich mit Sirup (z. B. Karamell- oder Vanillesirup) aromatisieren oder etwas Kaffee- oder Schokoladenlikör über die Sahne träufeln.

cremig | mild

Mandel-Kaffee

FÜR 2 PORTIONEN

- **200 ml fettarme Milch**
- **2 EL Mandelmus (aus dem Glas)**
- **1 Prise Zimtpulver**
- **3 TL Mandelsirup (s. S. 9)**
- **200 ml heißer Kaffee**
- **3 cl Amaretto (nach Belieben)**

Zubereitung: 10 Min.
Kühlzeit: 2 Std.
Pro Portion ca.: 160 kcal

1 | Die Milch mit dem Mandelmus und Zimt in einen Topf geben und gut verrühren. Die Milch unter Rühren heiß werden lassen, nicht kochen. Vom Herd nehmen und 2 Std. ziehen lassen.

2 | Die Mandelmilch nochmals erhitzen. Mandelsirup, Kaffee und Amaretto einrühren, mit dem Mixer kräftig aufschäumen und auf 2 große Becher verteilen.

Klassiker aus Italien

Latte macchiato

FÜR 2 PORTIONEN

- **400 ml fettarme Milch**
- **150 ml heißer Espresso**
- **4 TL Zucker (nach Belieben)**
- **Kakaopulver zum Bestreuen**

Zubereitung: 10 Min.
Pro Portion ca.: 120 kcal

1 | Die Milch in einem Topf erhitzen, nicht kochen lassen. Mit dem Mixer oder Milchaufschäumer gründlich aufschäumen.

2 | Den Espresso nach Belieben mit Zucker süßen. Die heiße Milch in 2 hohe Gläser füllen. Den Espresso über den Rücken eines Teelöffels langsam am Rand des Glases in die Milch einlaufen lassen (so ergeben sich zwei dekorative Schichten). Wer will, bestäubt die Milchhaube mit etwas Kakao. Die Latte macchiato sofort servieren.

TIPPS

Latte macchiato lässt sich variieren, indem man die Milch unterschiedlich aromatisiert:

- Milch mit dem ausgekratzten Mark von 1 Vanilleschote und 1 Päckchen Vanillezucker erhitzen. Vom Herd nehmen, 2 Std. ziehen lassen, erneut erhitzen, Vanilleschote herausfischen, dann aufschäumen.
- Milch mit 5 aufgeschlitzten Kardamomkapseln, 1 Zimtstange und 2 EL Honig erhitzen. Vom Herd nehmen, 2 Std. ziehen lassen, erneut erhitzen, Milch durch ein Sieb abgießen, dann aufschäumen.
- oder die Milch einfach zusätzlich mit Sirupen (s. S. 9), z. B. Mandel- oder Karamellsirup oder fertig gekauften aromatisieren.

im Bild vorne: **Mandel-Kaffee** *im Bild hinten:* **Latte macchiato**

ungewöhnlich

After-Eight-Kaffee

FÜR 2 PORTIONEN

- 50 g Sahne
- 3 EL Zucker
- 2 TL Kakaopulver
- 100 ml Milch
- 200 ml heißer Kaffee
- 4 EL Pfefferminzsirup
- 4 Täfelchen After-Eight
- frische Minzeblättchen zum Verzieren

Zubereitung: 10 Min.

Pro Portion ca.: 340 kcal

1 | Die Sahne mit 1 TL Zucker steif schlagen. Den restlichen Zucker mit Kakaopulver und 5 EL kalter Milch anrühren. Die restliche Milch zum Kochen bringen und den Kakao einrühren.

2 | Kakao mit Kaffee und 3 EL Pfefferminzsirup mischen. In 2 Tassen gießen und jeweils einen Klecks Sahne darauf geben. Die After-Eight-Täfelchen diagonal halbieren und in die Sahne stecken. Restlichen Pfefferminzsirup über die Sahne träufeln und mit Minzeblättchen dekorieren.

fruchtig

Schwarzwälder Kirschkaffee

FÜR 2 PORTIONEN

- 50 g Sahne
- 1 TL Kakaopulver
- 200 ml Milch
- 50 g Zartbitterschokolade
- 2 TL Kirschwasser (nach Belieben)
- 6 EL Kirschsirup (s. S. 9)
- 250 ml heißer starker Kaffee
- Schokoladenspäne und Amarenakirschen

Zubereitung: 15 Min.

Pro Portion ca.: 415 kcal

1 | Die Sahne steif schlagen. Kakaopulver mit 3 EL kalter Milch anrühren. Die Schokolade zerbröckeln und mit restlicher Milch unter Rühren schmelzen lassen. Den Kakao unterrühren.

2 | Das Kirschwasser und 4 EL Kirschsirup auf 2 Tassen verteilen. Schokomilch und Kaffee mischen, dazu gießen, verrühren. Jeweils etwas Sahne, einige Kirschen, den restlichen Sirup und Schokospänen darauf geben.

gehaltvoll

Wiener Schokoladenkaffee

FÜR 2 PORTIONEN

- 70 g Zartbitterschokolade
- je 1 Prise Zimt- und Kardamompulver
- 100 g Sahne
- 350 ml heißer Kaffee
- 1 EL Honig
- 1 TL Zucker
- Zimt- und Kardamompulver zum Bestreuen

Zubereitung: 10 Min.

Pro Portion ca.: 375 kcal

1 | Die Zartbitterschokolade in einen kleinen Topf geben und bei schwächster Hitze unter Rühren schmelzen. Zimt-, Kardamompulver und 4 EL Sahne mit dem Schneebesen gründlich unter die Schokolade rühren. Den Kaffee mit Honig süßen und zur Schokolade gießen. Mit dem Schneebesen gut verrühren.

2 | Die restliche Sahne mit dem Zucker steif schlagen. Den Kaffee in 2 Tassen gießen und die Sahne darauf verteilen. Mit Zimt- und Kardamompulver bestäuben.

im Bild oben: Schwarzwälder Kirschkaffee *Bildmitte:* After-Eight-Kaffee *unten:* Wiener Schokoladenkaffee scharf | raffiniert

Mexican-Coffee

FÜR 2 PORTIONEN

- 1 getrocknete Chilischote
- 3 Stangen Zimt
- 4 EL brauner Zucker
- 6 TL gemahlener Espresso- oder Mokkakaffee
- 2 Stücke Zartbitterschokolade
- 2 EL Kaffeelikör (nach Belieben)

Zubereitung: 20 Min.

Pro Portion ca.: 150 kcal

1 | Die Chilischote anritzen und mit 1 Stange Zimt und dem Zucker in einen Topf geben. Den Zucker karamellisieren lassen, mit 50 ml Wasser ablöschen und ca. 5 Min. sprudelnd kochen lassen.

2 | Den Zuckersirup mit 400 ml Wasser aufgießen, Kaffee zugeben, aufkochen, vom Herd nehmen und zugedeckt 5 Min. ziehen lassen.

3 | Je 1 Stück Schokolade in 1 Tasse geben. Den Kaffee durch ein Sieb darauf gießen. Nach Belieben Likör hineinrühren. Mit je 1 Stange Zimt zum Umrühren servieren.

würzig | wärmend

Ingwer-Kaffee

FÜR 2 PORTIONEN

- 1 Stück frischer Ingwer (ca. 2 cm)
- 1 unbehandelte Orange
- 4 Nelken | 1 Zimtstange
- 2 Sternanis
- 100 g Zucker | 70 g Sahne
- 400 ml heißer starker Espresso
- gehackte Pistazien zum Bestreuen

Zubereitung: 25 Min.

Pro Portion ca.: 345 kcal

1 | Ingwer schälen und in Scheiben schneiden. Von der Orange 1 TL Schale abreiben, Saft auspressen. Ingwer, die Hälfte der Orangenschale, Gewürze und Zucker bei schwacher Hitze karmellisieren. Mit 100 ml Wasser und Orangensaft ablöschen und 15 Min. köcheln. Vom Herd nehmen, abkühlen lassen.

2 | Die Sahne steif schlagen. Die Hälfte Sirup durch ein Sieb in 2 Tassen gießen, mit Espresso aufgießen. Sahne darauf verteilen und restlichen Sirup, Orangenschale und Pistazien darüber geben.

fruchtig | wärmend

Spanischer Kaffee

FÜR 2 PORTIONEN

- 1 unbehandelte Orange
- 4 Nelken | 80 g Sahne
- 3 EL Zucker
- 4 EL Cream Sherry
- 300 ml heißer starker Kaffee
- 1 TL Kakaopulver

Zubereitung: 15 Min.

Pro Portion ca.: 240 kcal

1 | Die Orange heiß abspülen, aus der Mitte 2 Scheiben herausschneiden und mit je 2 Nelken spicken. Von 1 Orangenhälfte die Schale abreiben. Den Saft beider Hälften auspressen. Sahne steif schlagen.

2 | Zucker und Orangenscheiben hellbraun karamellisieren. Mit Orangensaft ablöschen, 2–3 Min. köcheln. Vom Herd nehmen, Sherry unterrühren. Kaffee und Kakao verrühren. Je 1 Orangenscheibe und die Hälfte Sirup in 1 Tasse geben, Kaffee darüber gießen, Sahne darauf verteilen, mit Orangenschale bestreuen.

im Bild hinten: **Mexican-Coffee** *Bildmitte:* **Ingwer-Kaffee** *im Bild vorne:* **Spanischer Kaffee**

Klassiker

Irish Coffee

FÜR 2 PORTIONEN

- 75 g Sahne
  2 TL brauner Zucker
  8 cl irischer Whiskey
  400 ml heißer starker Kaffee
  1 TL Kakaopulver
  Irish-Coffee-Gläser

Zubereitung: 10 Min.

- Pro Portion ca.: 230 kcal

1 | Zum Vorwärmen die Kaffeegläser mit heißem Wasser füllen. Die Sahne nur leicht, nicht ganz steif schlagen.

2 | Das Wasser aus den Gläsern gießen. Zucker, Whiskey und Kaffee in die Gläser geben. Rühren, bis sich der Zucker aufgelöst hat. Die Sahne darauf verteilen und mit Kakaopulver bestäuben.

TIPP Für Irish Coffee gibt es spezielle Rechauds. Das Glas wird in einem Ständer über eine Flamme gehalten und der Kaffee durch Drehen des Glases erhitzt.

Klassiker

Café brulôt

FÜR 2 PORTIONEN

- 1 Zimtstange
  2 Nelken
  Schale von 1/2 unbehandelten Orange
  Schale von 1/2 unbehandelten Zitrone
  4 TL Zucker
  4 cl Cognac
  2 cl Orangenlikör (z. B. Cointreau)
  1/4 l heißer starker Kaffee

Zubereitung: 10 Min.

- Pro Portion ca.: 120 kcal

1 | Zimtstange, Nelken, Orangen- und Zitronenschale mit dem Zucker, Cognac und Orangenlikör in einen Topf geben und verrühren, bis sich der Zucker aufgelöst hat.

2 | Die Gewürz-Alkoholmischung mit einem Streichholz anzünden. Wenn die Flamme zu erlöschen beginnt, den Kaffee nach und nach vorsichtig zugießen. Durch ein Sieb in Tassen abgießen. Nach Belieben auch mit geschlagener Sahne servieren.

Klassiker

Rüdesheimer Kaffee

FÜR 2 PORTIONEN

- 50 g Sahne
  1 Tütchen Vanillezucker
  6 Stück Würfelzucker
  8 EL Weinbrand
  300 ml heißer Kaffee
  2 TL Schokoladenspäne
  2 Becher für Rüdesheimer Kaffee (ersatzweise hohe Becher)

Zubereitung: 15 Min.

- Pro Portion ca.: 260 kcal

1 | Die Sahne mit dem Vanillezucker steif schlagen. Je 3 Stück Würfelzucker in die Becher geben.

2 | Den Weinbrand in einem Topf erhitzen, über den Zucker gießen und mit einem Streichholz anzünden. Sobald die Flamme erloschen ist, den Kaffee vorsichtig darüber gießen.

3 | Die Sahne auf dem Kaffee verteilen und mit Schokospänen bestreuen.

im Bild vorne: Rüdesheimer Kaffee *Bildmitte:* Irish Coffee *im Bild hinten:* Café brulôt

Klassiker

Kaiser-Melange

FÜR 2 PORTIONEN

- **4 EL Sahne**
- **2 Eigelbe**
- **2 TL Zucker**
- **1/4 l heißer starker Kaffee**
- **2 cl Cognac (nach Belieben)**

Zubereitung: 10 Min.
Pro Portion ca.: 195 kcal

1 | Die Sahne mit Eigelben und Zucker mit dem Schneebesen schaumig rühren.

2 | Die Eiermischung auf 2 Tassen verteilen. Den Kaffee nach Belieben mit dem Cognac mischen und auf die Eiermischung gießen.

Sattmacher | cremig

Coffee-Nog

FÜR 2 PORTIONEN

- **400 ml Milch**
- **2 Eigelbe | 3 TL Vanillezucker**
- **3 cl Rum | 5 cl Whiskey**
- **70 ml heißer starker Espresso**
- **Muskatnuss, frisch gerieben**

Zubereitung: 15 Min.
Pro Portion ca.: 325 kcal

1 | Die Milch in einem Topf erwärmen. Die Eigelbe und Vanillezucker mit dem Handrührgerät oder Schneebesen solange schaumig schlagen, bis eine hellgelbe Masse entstanden ist.

2 | Die Eicreme nach und nach unter Rühren zur Milch gießen. Anschließend Rum, Whiskey und Espresso unterrühren. Den Drink sofort in 2 große Becher gießen und mit Muskatnuss bestäuben.

sahnig | mild

Weiße Schoko-Latte

FÜR 2 PORTIONEN

- **75 g weiße Kuvertüre**
- **300 ml Milch**
- **1 Vanilleschote**
- **1 EL Ahornsirup**
- **1/8 l heißer Espresso**
- **2 EL Espressosirup (s. S. 9, ersatzweise fertig gekaufte Schokoladensauce)**
- **Schokoladenspäne zum Bestreuen**

Zubereitung:10 Min.
Pro Portion ca.: 385 kcal

1 | Die Kuvertüre grob zerbröckeln und mit der Milch in einen Topf geben. Die Vanilleschote aufschlitzen und Mark herauskratzen. Beides zur Milch geben.

2 | Die Kuvertüre unter Rühren bei kleiner Hitze schmelzen. Ahornsirup unterrühren, vom Herd nehmen. Vanilleschote herausfischen, Schokomilch kräftig aufschäumen und in Gläser füllen.

3 | Den Espresso mit dem Sirup mischen und im Zickzackmuster über die Milch gießen. Mit Schokospänen bestreuen.

TIPP

Schoko-Latte schmeckt auch kalt. Dazu Milch und Kaffee abkühlen lassen, kalte Milch aufschäumen und mit je 2 Kugeln Schoko- oder Mokkaeis auf Gläser verteilen. Kaffee darüber gießen und mit Schokospänen verzieren.

im Bild vorne: **Coffee-Nog** *Bildmitte:* **Kaiser-Melange** *im Bild hinten:* **Weiße Schoko-Latte**

erfrischend | exotisch

Cool Ka-Ko-Ka

FÜR 2 PORTIONEN

- 1/2 TL Kakaopulver
  3 EL Zucker
  200 ml ungesüßte Kokosmilch (aus der Dose)
  1/2 Vanilleschote
  6 cl Kokoslikör (nach Belieben)
  300 ml kalter Kaffee
  Eiswürfel

Zubereitung: 15 Min.
Kühlzeit: 1 Std.
- Pro Portion ca.: 180 kcal

1 | Das Kakaopulver mit Zucker und 6 EL Kokosmilch anrühren. Die Vanilleschote aufschlitzen und mit der restlichen Kokosmilch in einem Topf zum Kochen bringen. Kakao einrühren, vom Herd nehmen und abkühlen lassen.

2 | Die Vanilleschote aus der Kokosmilch fischen, nach Belieben Kokoslikör unterrühren und mit dem Mixer oder Milchaufschäumer schaumig rühren. Je 4–5 Eiswürfel in 2 Gläser geben. Kaffee darüber gießen, mit der Kokosmilch aufgießen.

fruchtig | als Dessert

Mandarinen-Mokka-Smoothie

FÜR 2 PORTIONEN

- 3 Mandarinen
  1 Tütchen Vanillezucker
  2 EL Zucker
  3 cl Orangenlikör (nach Belieben)
  8 EL Sahnejoghurt
  100 ml kalter starker Espresso
  75 ml Milch | 4 Eiswürfel
  Mandarinenschalenspiralen und Schokoladenspäne zum Dekorieren

Zubereitung: 15 Min.
- Pro Portion ca.: 170 kcal

1 | Den Saft von 1 Mandarine auspressen. Die restlichen 2 Mandarinen gründlich schälen und in Stücke schneiden, dabei den Saft auffangen.

2 | Mandarinenstücke und -saft mit den übrigen Zutaten und Eiswürfeln im Mixer oder im Blender pürieren. In 2 hohe Gläser füllen. Mandarinenschalen an den Rand hängen und Schokospäne über den Drink streuen.

frühstückstauglich

Bananen-Kaffee-Shake

FÜR 2 PORTIONEN

- 2 reife Bananen
  1 TL Zitronensaft
  1/4 TL Zimtpulver
  100 ml kalter Kaffee
  150 ml Milch
  150 g Joghurt
  3 EL Vanilleeis
  2 EL Ahornsirup
  4 Eiswürfel

Zubereitung: 10 Min.
- Pro Portion ca.: 215 kcal

1 | Die Bananen schälen, in Stücke schneiden und mit dem Zitronensaft mischen.

2 | Die Hälfte des Zimtpulvers zum Bestreuen beiseite stellen. Restliches Zimtpulver mit den Bananen und den übrigen Zutaten zusammen mit den Eiswürfeln im Mixer oder im Blender schaumig pürieren.

3 | Den Shake sofort in 2 hohe Gläser füllen und mit dem restlichen Zimtpulver bestäuben.

◄ *im Bild links:* Mandarinen-Mokka-Smoothie *Bildmitte:* Cool Ka-Ko-Ka *im Bild rechts:* Bananen-Kaffee-Shake als Dessert | sahnig

Eierlikör-Eiskaffee

FÜR 2 PORTIONEN

- 100 g Sahne
- 1 EL Zucker
- 300 ml Schokoladeneis
- 250 ml kalter Kaffee
- 4 cl Kaffeelikör
- 6 cl Eierlikör
- Eierlikör, Schokoladenstreusel und Waffelröllchen zum Dekorieren

Zubereitung: 10 Min.
Pro Portion ca.: 545 kcal

1 | Die Sahne mit dem Zucker steif schlagen. Von dem Schokoladeneis jeweils 2 Kugeln in 2 Gläser geben.

2 | Das restliche Eis, Kaffee, Kaffee- und Eierlikör mit dem Mixer oder im Blender kräftig schaumig rühren.

3 | Den Eierlikörkaffee über das Eis gießen. Die Sahne mit dem Spritzbeutel aufsprühen. Jeweils etwas Eierlikör über die Sahne laufen lassen, Schokostreusel aufstreuen und mit Waffelröllchen dekorieren.

edel | gelingt leicht

Marzipankaffee

FÜR 2 PORTIONEN

- 100 g Sahne
- 30 g Amarettini (Mandelmakronen)
- 80 g Marzipan-Rohmasse
- 200 ml fettarme Milch
- 1/8 l kalter Kaffee
- 2 EL Vanilleeis

Zubereitung: 10 Min.
Pro Portion ca.: 440 kcal

1 | Die Sahne steif schlagen. Die Amarettini in einen Gefrierbeutel geben und mit dem Nudelholz zerbröseln. Die Keksbrösel unter die Schlagsahne heben, dabei ca. 1 EL zum Dekorieren beiseite stellen.

2 | Die Marzipan-Rohmasse in Stücke schneiden und mit der Hälfte der Milch cremig pürieren. Restliche Milch, Kaffee und Eis zugeben und alles kräftig schaumig pürieren. In Gläser füllen und die Amarettinisahne darauf verteilen und mit restlichen Keksbröseln bestreuen.

raffiniert | erfrischend

Mokkalatte on the Rocks

FÜR 2 PORTIONEN

- 2 EL Kaffeebohnen
- 200 ml fettarme Milch
- 2 EL Akazienhonig
- 200 ml kalter Espresso

Zubereitung: 10 Min.
Kühlzeit: 4 Std.
Pro Portion ca.: 65 kcal

1 | Die Kaffeebohnen mit der Milch in einen Topf geben und erhitzen. Bevor die Milch zu kochen anfängt, vom Herd nehmen. Den Honig unterrühren und zugedeckt abkühlen lassen.

2 | Den Espresso in eine Eiswürfelform gießen und ins Gefrierfach stellen. In ca. 4 Std. gefrieren lassen.

3 | Die Espresso-Eiswürfel mit dem Eiscrusher oder Fleischklopfer grob zerkleinern und auf zwei Gläser verteilen. Die Mokkamilch durch ein Sieb auf das Espresso-Eis gießen und sofort servieren.

im Bild vorne: **Mokkalatte on the Rocks** *Bildmitte:* **Marzipankaffee** *im Bild hinten:* **Eierlikör-Eiskaffee** ➤

herb | raffiniert

Kräuter-Kaffee-Cocktail

FÜR 1 COCKTAIL

- 3 cl kalter starker Kaffee
- 4 cl Chartreuse grün (französischer Kräuterlikör)
- 3 cl Sahne
- 1 cl Whiskey
- 1 cl Kakaolikör
- 3 Eiswürfel
- 1 Cocktailkirsche zum Verzieren

Zubereitung: 5 Min.
Pro Portion ca.: 160 kcal

1 | Alle Zutaten mit den Eiswürfeln in einen Cocktailshaker geben und ca. 15 Sek. kräftig shaken.

2 | Den Inhalt des Shakers durch ein Sieb in ein Glas gießen. Mit der Cocktailkirsche garnieren.

Klassiker

Mokka-Flip

FÜR 1 COCKTAIL

- 4 cl kalter starker Espresso
- 4 cl Weinbrand
- 2 cl Kaffeelikör
- 1 TL Puderzucker
- 1/8 l Milch
- 1 TL Kakaopulver
- 1 frisches Eigelb
- 1 Prise Nelkenpulver
- 4 Eiswürfel

Zubereitung: 5 Min.
Pro Portion ca.: 405 kcal

1 | Alle Zutaten mit den Eiswürfeln in einen Cocktailshaker geben und ca. 15 Sek. kräftig shaken.

2 | Den Inhalt des Shakers durch ein Sieb in ein Glas gießen.

cremig | süß

Mokka-Brandy-Cocktail

FÜR 1 COCKTAIL

- 2 cl Brandy
- 2 cl Apricot Brandy
- 2 cl kalter starker Kaffee
- 1 cl Eierlikör
- 1 cl Sahne
- 3 Eiswürfel
- Kakaopulver zum Bestreuen

Zubereitung: 5 Min.
Pro Portion ca.: 145 kcal

1 | Alle Zutaten mit den Eiswürfeln in einen Cocktailshaker geben und ca. 15 Sek. kräftig shaken.

2 | Den Inhalt des Shakers durch ein Sieb in ein Glas gießen. Mit etwas Kakaopulver bestäuben.

raffiniert

Hot-Coffee-Shot

FÜR 1 COCKTAIL

- 30 g Sahne
- 2 cl heißer Espresso
- 2 cl Galliano (ital. Kräuter-Gewürz-Likör)

Zubereitung: 10 Min.
Pro Portion ca.: 125 kcal

1 | Die Sahne nur leicht cremig anschlagen, sie sollte noch leicht flüssig sein.

2 | Den Espresso in ein schmales hohes Glas geben. Den Gallianolikör über die Rückenwölbung eines umgedrehten Teelöffels langsam ins Glas laufen lassen, so dass zwei getrennte Schichten entstehen. Die Sahne auf dieselbe Weise langsam auf den Galliano gießen.

◄ *im Bild vorne:* Mokka-Brandy-Cocktail *rechts:* Mokka-Flip *links:* Kräuter-Kaffee-Cocktail *hinten:* Hot-Coffee-Shot

Mit Kaffee

Wer Kaffee bisher nur als Getränk kennt, hat etwas verpasst. Sein kräftiges Aroma eignet sich nämlich wunderbar dazu, Desserts, Gebäck oder Konfekt zu aromatisieren. Und wenn man dann Mokkatrüffel oder ein Stück Mokkasahnetorte zu einer guten Tasse Kaffee reicht, ist doppelter Genuss garantiert.

Blitzrezepte

Kokos-Kaffee-Toffees

FÜR CA. 50 STÜCK

➤ 75 g Butter | 2 EL lösliches Kaffeepulver
100 g Zucker | 100 g heller Honig
(z. B. Akazien- oder Blütenhonig)
100 g Kokosraspel | Sonnenblumenöl
für die Form

1 | Butter in Flöckchen schneiden und ins Gefrierfach stellen. Kaffeepulver in 3 EL heißem Wasser auflösen.

2 | Zucker und Honig in einem Topf unter Rühren karamellisieren lassen, bis die Masse hellbraun wird. Topf vom Herd nehmen und die Butter nach und nach gründlich unterrühren. Kaffee und Kokosraspel unterrühren. Die Masse in eine mit Öl ausgepinselte Form (ca.10 x 15 cm) geben, fest werden lassen und in 2 × 2 cm große Würfel schneiden.

Espressocreme mit Himbeeren

FÜR 4 PORTIONEN

➤ 100 g Mokkaschokolade | 250 g Mascarpone | 250 g Magerquark | 5 EL Zucker
1 TL flüssiges Vanillearoma | 4 EL kalter starker Espresso | 400 g Himbeeren
4 EL Kaffeelikör (nach Belieben)
Minzeblättchen zum Garnieren

1 | Die Schokolade zerbröckeln und im Wasserbad schmelzen lassen. Etwas abkühlen lassen.

2 | Inzwischen Mascarpone, Quark, Zucker, Vanillearoma und Espresso gut verrühren. Die geschmolzene Schokolade unter die Quarkmasse rühren. Die Quarkcreme abwechselnd mit den Himbeeren in Schälchen schichten. Nach Belieben mit Kaffeelikör beträufeln und mit Minzeblättchen verzieren.

gut vorzubereiten

Gewürzkaffee-Granita

FÜR 4 PORTIONEN

- **3 Kardamomkapseln**
- **2 Nelken**
- **1 Zimtstange**
- **Schale von 1/2 unbehandelten Orange**
- **150 g Zucker**
- **1/2 l starker Espresso**
- **100 g Crème double**
- **4 EL Kaffeelikör (nach Belieben)**
- **Schoko-Mokka-Bohnen zum Bestreuen**

Zubereitung: 10 Min.
Kühlzeit: 3 Std. 30 Min.
Pro Portion ca.: 285 kcal

1 | Die Kardamomkapseln längs aufritzen und mit Nelken, Zimtstange, Orangenschale, Zucker und 100 ml Wasser in einen Topf geben und 5 Min. kochen lassen. Vom Herd nehmen, Espresso dazu gießen und ca. 1 Std. zugedeckt abkühlen lassen.

2 | Den Kaffee durch ein Sieb in eine flache Metall- oder Plastikschale gießen und ins Gefrierfach stellen. Nach ca. 20 Min. mit einer Gabel durchrühren und die Eiskristalle vom Rand zur Mitte schieben. Diesen Vorgang im Zeitraum von 2 Std. ca. alle 20 Min. wiederholen, bis die ganze Flüssigkeit zu Eiskristallen gefroren ist.

3 | Die Granita in 4 hohe, gekühlte Gläser füllen. Jeweils einen Klecks Crème double darauf geben, nach Belieben Kaffeelikör darüber träufeln und mit Schoko-Mokka-Bohnen bestreuen.

für Festtage

Mokkaparfait

FÜR EINE KASTENFORM VON 30 CM LÄNGE (12 STÜCKE)

- **150 g Trockenpflaumen**
- **75 ml Armagnac (ersatzweise Pflaumensaft)**
- **4 Eigelbe**
- **100 g Puderzucker**
- **6 EL doppelt starker Espresso**
- **1/2 TL Zimtpulver**
- **3 Eiweiße**
- **200 ml Sahne**
- **Frischhaltefolie für die Form**

Zubereitung: 35 Min.
Marinierzeit: 4 Std.
Kühlzeit: 12 Std.
Pro Portion ca.: 120 kcal

1 | Die Pflaumen vierteln und für 4 Std. im Armagnac einweichen.

2 | Die Eigelbe in eine Schüssel geben. Die Schüssel über einen Topf mit leicht kochendem Wasser hängen. Puderzucker zu den Eigelben geben und mit den Quirlen des Handrührgeräts in ca. 7 Min. über dem heißen Wasserbad dick-cremig rühren. Den Espresso und Zimt unter Rühren zugeben, Schüssel vom Topf nehmen und weitere 7 Min. kaltrühren.

3 | Die Eiweiße und Sahne mit dem Handrührgerät getrennt steif schlagen. Beides vorsichtig unter die Eigelb-Kaffee-Masse mischen und die Pflaumen samt Armagnac ebenfalls unterheben. Die Masse in die mit Folie ausgelegte Form geben und über Nacht gefrieren lassen. Aus der Form nehmen, in Scheiben schneiden und servieren.

◄ *im Bild vorne:* **Gewürzkaffee-Granita** *im Bild hinten:* **Mokkaparfait**

Klassiker aus Italien

Tiramisu

FÜR 6 PORTIONEN

- **250 ml kalter Espresso**
- **6 EL Amaretto-Likör**
- **4 frische Eigelbe**
- **50 g Zucker**
- **500 g Mascarpone**
- **200 g Löffelbiskuits**
- **Kakaopulver zum Bestäuben**

Zubereitung: 20 Min.
Kühlzeit: 5 Std.
Pro Portion ca.: 645 kcal

1 | Den Espresso mit dem Amaretto mischen. Die Eigelbe und den Zucker mit dem Handrührgerät oder Schneebesen cremig aufschlagen, bis die Masse hellgelb und dick ist. Den Mascarpone löffelweise unterrühren.

2 | Eine rechteckige Form mit der Hälfte der Löffelbiskuits auslegen und mit der Hälfte der Espresso-Amaretto-Mischung tränken. Die Hälfte der Mascarponecreme darauf geben und glatt streichen. Restliche Löffelbiskuits darauf legen, mit restlicher Kaffeemischung tränken und restliche Mascarponecreme darauf glatt streichen.

3 | Zugedeckt für 4–5 Std. in den Kühlschrank stellen. Vor dem Servieren dick mit Kakaopulver bestäuben.

TIPP

Unbedingt ganz frische Eier verwenden. Wer aufgrund der Salmonellengefahr ganz auf Eier verzichten will, kann eine Alternativcreme herstellen:
Dazu anstelle der Eier 150 g Natur- oder Vanillejoghurt und 1/8 l Eierlikör mit dem Mascarpone glatt rühren.

preiswert

Caffè cotta

FÜR 4 PORTIONEN

- **6 Blatt Gelatine**
- **400 g Sahne**
- **100 ml doppelt starker Espresso**
- **5 EL Zucker**
- **ausgekratztes Mark von 1 Vanilleschote**
- **2 EL Cognac (nach Belieben)**
- **4 Förmchen (à ca. 150 ml Inhalt)**

Zubereitung: 25 Min.
Kühlzeit: 4 Std.
Pro Portion ca.: 380 kcal

1 | Die Gelatine 10 Min. in kaltem Wasser einweichen. Inzwischen die Sahne, Espresso, Zucker und Vanillemark in einen Topf geben.

2 | Die Sahne unter Rühren aufkochen lassen, Cognac nach Belieben zugeben und vom Herd nehmen. Die Gelatine gut ausdrücken und mit dem Schneebesen sorgfältig unter die heiße Sahne rühren. Die Kaffeesahne in die mit kaltem Wasser ausgespülten Förmchen gießen und ca. 4 Std. im Kühlschrank fest werden lassen.

3 | Die Caffè-cotta-Creme mit einem scharfen Messer vorsichtig vom Rand der Förmchen lösen und auf Teller stürzen.

TIPP

Wer will, kann die Caffè-Cotta-Creme auch in Glastassen füllen und mit Sahnehaube servieren.

im Bild vorne: Tiramisu *im Bild hinten:* Caffè cotta

gut vorzubereiten

Kaffeeflan

FÜR 6 PORTIONEN

- 250 g Zucker
- 3 EL Kaffeebohnen
- 3 EL Cognac (ersatzweise frisch gepresster Orangensaft)
- 1/2 Vanilleschote
- 400 ml Milch
- 100 g Sahne | 4 Eier
- 6 feuerfeste Förmchen (à ca. 150 ml Inhalt)

Zubereitung: 1 Std. 15 Min.
Kühlzeit: 6 Std.
Pro Portion ca.: 300 kcal

1 | 150 g Zucker in einem Topf hellbraun karamellisieren lassen. Die Hälfte Karamell in die Förmchen gießen, den Rest mit 1/8 l Wasser ablöschen, 1 EL Kaffeebohnen zugeben und ca. 5 Min. sprudelnd kochen (der Karamell sollte flüssig sein). Cognac zugeben, kurz aufkochen, dann beiseite stellen.

2 | Ein tiefes Backblech ca. 3 cm hoch mit Wasser füllen und in den Backofen schieben (Mitte, Umluft nicht geeignet). Backofen auf 160° vorheizen. Die Vanilleschote aufschlitzen und mit den restlichen Kaffeebohnen, Milch und Sahne erhitzen. Die Eier und den restlichen Zucker mit dem Handrührgerät cremig rühren. Die warme Milch durch ein Sieb abgießen und unter die Eicreme rühren. Die Masse in die Förmchen gießen.

3 | Die Förmchen ins Wasserbad stellen und im Ofen in ca. 40 Min. stocken lassen. Anschließend im Kühlschrank 6 Std. abkühlen lassen. Die Creme mit einem Messer vom Formrand lösen und auf Teller stürzen. Den übrigen Kaffeekaramell mit den Bohnen darüber gießen und servieren.

Klassiker

Mousse au café

FÜR 6 PORTIONEN

- 220 g Zartbitterschokolade
- 3 EL Butter
- 6 Eier
- 3 EL Puderzucker
- 2 EL lösliches Kaffeepulver
- 1/2 TL abgeriebene Schale von 1 unbehandelten Orange
- 1 Prise Kardamompulver
- 2 TL Kaffeelikör (ersatzweise starker Kaffee)
- weiße Schokospäne und Orangenschalenstreifen zum Garnieren

Zubereitung: 35 Min.
Kühlzeit: 6 Std.
Pro Portion ca.: 260 kcal

1 | Die Schokolade zerbröckeln und im Wasserbad schmelzen lassen. Die Butter in einem Pfännchen zerlassen. Die Eier trennen, Eiweiße mit 1 EL Puderzucker steif schlagen.

2 | Eigelbe mit restlichem Zucker, Kaffeepulver, Orangenschale und Kardamom schaumig rühren. Erst die flüssige Schokolade, dann die flüssige Butter nach und nach unterrühren. Kaffeelikör ebenfalls unterrühren. Den Eischnee vorsichtig unterheben.

3 | Die Mousse in eine Schüssel füllen und abgedeckt ca. 6 Std. in den Kühlschrank stellen. Mit zwei Esslöffeln Nocken abstechen, auf Tellern anrichten und mit Schokospänen und Orangenschale garnieren.

im Bild vorne: Kaffeeflan *im Bild hinten:* Mousse au café ➤

für Festtage

Mokka-Soufflé mit Orangen-kompott

FÜR 8 FÖRMCHEN
(À 150 ML INHALT)

- Für das Soufflé:
  60 g Mehl | 8 EL Zucker
  1 TL Kakaopulver
  1 Prise Nelkenpulver
  100 ml starker Kaffee
  3 Eier | 100 g Quark (20 %)
  2 EL Kaffeelikör (nach Belieben) | Butter für die Form | 3 EL Paniermehl
- Für das Kompott:
  5 Orangen | 3 EL Zucker
  1 Msp. Zimtpulver
  2 EL Orangenlikör (nach Belieben)

Zubereitung: 45 Min.
Backzeit: 30 Min.
- Pro Portion ca.: 185 kcal

1 | Für das Kompott 4 Orangen mit einem scharfen Messer schälen und die Filets einzeln herausschneiden, dabei den Saft auffangen. Die übrige Orange auspressen.

2 | Den Zucker in einem Topf hellbraun karamellisieren lassen, mit dem Orangensaft ablöschen und bei starker Hitze auf die Hälfte einkochen. Mit Zimt und Cointreau abschmecken, die Orangenfilets unterheben und abkühlen lassen.

3 | Für das Soufflé das Mehl mit 4 EL Zucker, Kakao und Nelken mischen. Den Kaffee zugießen, gut verrühren und alles unter ständigem Rühren aufkochen lassen (1). Vom Herd nehmen und abkühlen lassen.

4 | Den Backofen auf 200° vorheizen. Die Eier trennen und die Eiweiße mit dem restlichen Zucker steif schlagen. Den Quark und Likör unter die abgekühlte Teigmasse rühren, dann die Eigelbe nacheinander gut unterrühren. Den Eischnee vorsichtig unterheben (2).

5 | Die Förmchen ausfetten und das Paniermehl darin verteilen (3). Die Soufflémasse einfüllen und in den vorgeheizten Ofen (Mitte, Umluft 180°) stellen. Den Ofen auf 190° (Umluft 170°) herunterstellen und die Soufflés 30 Min. backen, dabei den Ofen zwischenzeitlich nicht öffnen. Noch 5 Min. im abgeschalteten Ofen stehen lassen, dann sofort mit dem Orangenkompott servieren.

1 *Die zähe Masse solange fest rühren, bis sie sich als Kloß vom Topfboden löst.*

2 *Den Eischnee ganz vorsichtig, am besten mit einem Teigschaber, leicht unterheben.*

3 *Die Brösel durch Drehen der Förmchen gleichmäßig auf Rand und Boden der Förmchen verteilen.*

cremig

Milchkaffee-Zabaione

FÜR 8 PORTIONEN

- **Für die helle Zabaione:**
  2 EL Kaffeebohnen
  100 ml Milch
  4 frische Eigelbe
  5 EL Zucker
- **Für die dunkle Zabaione:**
  5 EL Amaretto (nach Belieben)
  50 ml heißer Espresso
  4 frische Eigelbe
  5 EL Zucker

Zubereitung: 25 Min.
- Pro Portion ca.: 165 kcal

1 | Für die helle Zabaione Kaffeebohnen und Milch in einen Topf geben und erhitzen. Bevor die Milch zu kochen beginnt vom Herd nehmen, 2 Std. abkühlen und ziehen lassen. Mokkamilch durch ein Sieb abgießen.

2 | Die Mokkamilch erhitzen und warm halten. Einen großen Topf mit Wasser erhitzen. Eine kleinere Schüssel in den Topf hängen. Die Eigelbe und den Zucker hineingeben und mit dem Schneebesen bei schwacher Hitze zu einer schaumigen Creme schlagen, dabei nach und nach die warme Mokkamilch einrühren. Die Schüssel vom Topf nehmen und beiseite stellen.

3 | Für die dunkle Zabaione Amarettolikör und Espresso mischen. Eigelbe und Zucker in eine zweite Schüssel geben und wie die helle Zabaione im Wasserbad cremig rühren, dabei nach und nach den warmen Espresso zugießen.

4 | Dunkle Zabaione auf Schälchen verteilen, die helle Zabaione darauf geben und leicht ineinander ziehen.

- Variante: Die Zabaione einzeln oder als Sauce zu Cremes, Soufflés etc. reichen.

schmelzend | cremig

Mokkatrüffel

FÜR CA. 35 STÜCK

- **250 g Zartbitterkuvertüre**
  60 ml Sahne
  3 EL Zucker
  2 TL löslicher Kaffee
  4 EL Kaffeelikör
  100 g Butter
  Kakaopulver zum Wälzen

Zubereitung: 1 Std.
Kühlzeit: 5 Std.
- Pro Stück ca.: 70 kcal

1 | Die Kuvertüre in Stücke hacken. Die Sahne bei mittlerer Hitze erwärmen, den Zucker und das Kaffeepulver darin auflösen. Die Kuvertüre hineingeben und unter Rühren schmelzen. Likör unterrühren, vom Herd nehmen und kühl stellen.

2 | Sobald die Schokoladenmasse auf Zimmertemperatur abgekühlt ist, die zimmerwarme Butter mit dem Handrührgerät schaumig rühren. Die Schokoladenmasse mit dem Schneebesen löffelweise unter die Butter rühren. Die fertige Masse 5 Std. in den Kühlschrank stellen.

3 | Kakaopulver in einen tiefen Teller geben. Von der Trüffelmasse mit einem Löffel kleine Kugeln abstechen, von Hand rund rollen und im Kakaopulver wälzen. Fertige Trüffel im Kühlschrank fest werden lassen (und lagern).

im Glas: Milchkaffee-Zabaione *in den Papierförmchen:* Mokkatrüffel

für Festtage

Mokkasahne-torte

FÜR EINE SPRINGFORM VON 26 CM DURCHMESSER (12 STÜCK)

- **5 Eier**
  200 g Zucker
  6 EL lösliches Kaffeepulver
  30 g Mehl
  30 g Speisestärke
  1 TL Backpulver
  200 g gemahlene Mandeln
  9 EL Kaffeelikör (ersatzweise starker Kaffee)
  800 g Sahne
  100 g geraspelte Mokkaschokolade
  Backpapier

Zubereitung: 50 Min.
Backzeit: 35 Min.
Pro Stück ca.: 490 kcal

1 | Backofen auf 175 ° vorheizen. Die Eier trennen. Eiweiße steif schlagen, dabei 150 g Zucker nach und nach zugeben. 2 EL Kaffeepulver in 2 EL heißem Wasser auflösen und mit den Eigelben nach und nach unter den Eischnee rühren. Mehl, Stärke, Backpulver und Mandeln mischen und unter die Eimasse heben.

2 | Den Teig in die mit Backpapier ausgelegte Form füllen, glatt streichen und im vorgeheizten Ofen (Mitte, Umluft 150 °) 30–35 Min. backen. Herausnehmen, abkühlen lassen und aus der Form lösen.

3 | Die abgekühlte Torte zweimal durchschneiden. Alle drei Schichten mit dem Likör tränken. Restliches Kaffeepulver in 1 EL heißem Wasser auflösen. Die Sahne mit dem restlichen Zucker steif schlagen und aufgelöstes Kaffeepulver unterziehen. Die Hälfte der Sahne gleichmäßig auf dem unteren und mittleren Boden verstreichen, die Böden aufeinander setzen. Restliche Sahne auf der Torte verstreichen und mit Mokkaschokolade bestreuen.

saftig | gelingt leicht

Amaretti-Cake

FÜR EINE KASTENFORM VON 30 CM LÄNGE (16 STÜCK)

- **100 g Zartbitterschokolade**
  100 g Amarettini (Mandelmakronen)
  200 g Mehl
  2 TL Backpulver
  1/2 TL Zimt
  2 TL Kakaopulver
  200 g Butter
  150 g Zucker
  3 Eier
  1/8 l doppelt starker Kaffee
  Fett für die Form

Zubereitung: 25 Min.
Backzeit: 50 Min.
Pro Stück ca.: 250 kcal

1 | Backofen auf 180 ° vorheizen. Die Form ausfetten. Die Schokolade grob hacken. Die Amarettini in einen Beutel geben und mit dem Nudelholz zerbröseln. Beides mit Mehl, Backpulver, Zimt und Kakaopulver mischen.

2 | Butter und Zucker mit dem Rührgerät schaumig rühren. Die Eier einzeln nach und nach unterrühren.

3 | Die Mehlmischung und den Kaffee nach und nach abwechselnd löffelweise unter den Teig rühren. Den Teig in die Form füllen und glatt streichen. Im vorgeheizten Ofen (Mitte, Umluft 160 °) in ca. 50 Min. braun backen.

Zum Kaffee

Mit einem Stückchen Kuchen oder einem Sandwich schmeckt jede Tasse Kaffee gleich nochmal so gut. Und genau wie es in jedem Land ganz spezielle Kaffeespezialitäten gibt, liebt man dort auch ganz bestimmte Leckereien dazu: Egal, ob herzhafte Panini oder Tramezzini wie in der italienischen Kaffeebar oder frische Brioches wie in einem Pariser Bistro – der Genuss ist garantiert .

Blitzrezepte

Lachs-Bagels

FÜR 4 PERSONEN

➤ 4 Bagelbrötchen | 1 Avocado | 1 EL Zitronensaft | 2 EL Senf | 2 EL frisch gepresster Orangensaft | 1 EL Weißweinessig
2 EL Sonnenblumenöl | 1 TL frisch gehackter Estragon | Salz | Pfeffer
200 g Doppelrahmfrischkäse
200 g geräucherter Lachs in Scheiben

1 | Die Bagels halbieren und nach Belieben toasten. Avocado halbieren, Kern entfernen, aus der Schale lösen, in schmale Scheiben schneiden und mit dem Zitronensaft beträufeln.

2 | Senf, Orangensaft, Essig, Öl und Estragon cremig rühren, mit Salz und Pfeffer abschmecken. Die Bagels mit Frischkäse bestreichen und mit Lachs und Avocado belegen, Vinaigrette darüber träufeln und Bagels zuklappen.

Apfeltaschen

FÜR 6 STÜCK

➤ 3 Scheiben TK-Blätterteig (225 g)
50 g Marzipanrohmasse | 3 EL Sahne
2 Eigelbe | 5 EL Magerquark | 1 EL Zucker
1/2 TL Speisestärke | 2 Äpfel
Backpapier

1 | Blätterteig auftauen. Backofen auf 180° vorheizen. Marzipan zerkrümeln und mit Sahne, 1 Eigelb, Quark, Zucker und Stärke glatt rühren. Äpfel schälen, klein würfeln, dabei das Kerngehäuse entfernen und unter den Quark mischen.

2 | Teigscheiben halbieren. Quarkmasse auf die Teigquadrate verteilen, diese diagonal zusammenklappen, Ränder gut festdrücken. Restliches Eigelb verquirlen, Taschen damit bestreichen, auf ein mit Backpapier belegtes Blech legen. Im vorgeheizten Ofen (Mitte, Umluft 160°) 20 Min. backen.

vegetarisch | mediterran

Antipasti-Gemüse-Panini

FÜR 4 PORTIONEN

- 2 rote Paprikaschoten
- 1 Aubergine
- 5 EL Olivenöl
- Salz | Pfeffer
- 1 Knoblauchzehe
- 2 EL Aceto balsamico
- 1/2 TL getrocknete Kräuter der Provence
- 200 g Mozzarella
- 4 Panini (ital. Weißbrötchen, ersatzweise Baguettebrötchen)

Zubereitung: 25 Min.
Marinierzeit: 1 Std.
Pro Portion ca.: 370 kcal

1 | Den Backofengrill vorheizen. Die Paprikaschoten waschen, längs vierteln und putzen. Die Aubergine waschen, putzen und quer in 1/2 cm breite Scheiben schneiden.

2 | Ein Backblech mit 1 EL Öl bepinseln, Auberginenscheiben darauf legen, mit 2 EL Öl bestreichen, salzen und pfeffern. Paprikaschoten mit der Hautseite nach oben ebenfalls auf das Blech legen.

3 | Im vorgeheizten Ofen 10–15 Min. grillen, dabei die Auberginen einmal wenden. Aus dem Ofen nehmen, abkühlen lassen und die Haut der Paprikaschoten mit einem Messer abziehen.

4 | Knoblauchzehe schälen, durchpressen und mit dem restlichen Öl, Aceto balsamico und Kräutern verrühren. Auberginen und Paprika 1 Std. darin marinieren.

5 | Den Mozzarella in Scheiben schneiden. Die Brötchen halbieren. Untere Hälfte mit mariniertem Gemüse und Mozzarella belegen, pfeffern und die obere Brötchenhälfte darauf klappen.

gut vorzubereiten

Tramezzini mit Huhn

FÜR 4 PORTIONEN

- 2 EL Olivenöl
- 2 Hähnchenbrustfilets (ca. 350 g)
- Salz | Pfeffer
- 1 Hand voll junger Spinat
- 1 Bund Basilikum
- 5 EL Mayonnaise
- 1 EL Zitronensaft
- Muskatnuss, frisch gerieben
- 4 große Salatblätter
- 8 Scheiben Sandwichbrot (ersatzweise Toastbrot)

Zubereitung: 30 Min.
Pro Portion ca.: 325 kcal

1 | Das Öl in einer Pfanne erhitzen und das Hähnchenfleisch darin in 8–10 Min. rundherum braun braten. Das Fleisch salzen, pfeffern und abkühlen lassen.

2 | Den Spinat und Basilikum waschen, trocknen, Blättchen abzupfen und fein hacken. Beides mit Mayonnaise und Zitronensaft verrühren. Mit Salz, Pfeffer und Muskatnuss abschmecken.

3 | Den Salat waschen und trocknen. Jeweils 1 Scheibe Brot gleichmäßig mit der Spinatcreme bestreichen. Das Hähnchenfleisch in schmale Scheiben schneiden, auf dem Brot verteilen und mit je 1 Salatblatt bedecken. Die restlichen Brotscheiben darauf legen und leicht andrücken, dann die belegten Brote diagonal durchschneiden.

im Bild vorne: Antipasti-Gemüse-Panini *im Bild hinten:* Tramezzini mit Huhn vegetarisch

Ziegenkäse-Baguette

FÜR 4 PORTIONEN

- 200 g Ziegenfrischkäse
- 100 g Magerquark
- 1 Zweig frischer Rosmarin
- 2 EL körniger Senf
- 2 EL flüssiger Honig
- 1 Orange
- 10 Blätter Kopfsalat
- 10 Kirschtomaten
- Pfeffer
- 1 Baguette (ersatzweise 4 Baguettebrötchen)

Zubereitung: 20 Min.
➤ Pro Portion ca.: 320 kcal

1 | Den Ziegenkäse gut mit dem Magerquark mischen. Den Rosmarin waschen, trocknen, fein hacken und unter den Käse heben. Senf und Honig verrühren.

2 | Die Orange sorgfältig mit einem scharfen Messer schälen, dabei die weiße Haut mit entfernen. Längs vierteln und in kleine Stücke schneiden. Den Salat waschen und trocknen, die Tomaten waschen, vierteln und dabei den Stielansatz entfernen.

3 | Das Baguette längs halbieren. Die untere Seite mit der Käsecreme bestreichen und pfeffern. Honig-Senf-Mischung darüber träufeln. Darauf den Kopfsalat, Tomaten und Orangen verteilen und mit der oberen Baguettehälfte abdecken, leicht andrücken. Schräg in ca. 4 gleich große Stücke schneiden.

➤ Variante: Statt Ziegenkäse und Rosmarin Doppelrahmfrischkäse und Estragon nehmen.

Klassiker aus den USA

Club-Sandwich

FÜR 4 PORTIONEN

- 3 kleine Gewürzgurken
- 1 TL Kapern
- 1 EL frisch gehackte Petersilie
- 6 EL Mayonnaise
- Paprikapulver
- 8 Blätter Eisbergsalat
- 2 Tomaten
- 12 Scheiben Toastbrot
- 4 Scheiben gekochter Schinken
- 4 Scheiben Emmentaler Käse

Zubereitung: 25 Min.
➤ Pro Portion ca.: 345 kcal

1 | Die Gewürzgurken möglichst fein würfeln und die Kapern fein hacken. Beides mit der Petersilie unter die Mayonnaise rühren. Mit Paprikapulver abschmecken.

2 | Den Salat waschen und trocknen. Die Tomaten waschen, trocknen und in Scheiben schneiden, dabei den Stielansatz entfernen.

3 | Die Toastscheiben rösten und abkühlen lassen. 8 Scheiben gleichmäßig mit der Mayonnaise bestreichen. Auf jeweils 4 dieser Scheiben den Schinken mit der Hälfte der Tomaten und 4 Blättern Salat legen. Auf die 4 übrigen Scheiben den Käse mit den restlichen Tomaten und Salatblättern legen. Die belegten Brotscheiben aufeinander setzen und mit den restlichen 4 Brotscheiben abdecken. Nur leicht zusammendrücken und diagonal durchschneiden.

im Bild vorne: **Ziegenkäse-Baguette** *im Bild hinten:* **Club-Sandwich** ➤

orientalischer Klassiker

Sirup-Bällchen

FÜR CA. 25 BÄLLCHEN

➤ **Für den Sirup:**
200 g Zucker | 200 g Honig
1 EL Orangenblütenwasser (ersatzweise Zitronensaft)

➤ **Für den Teig:**
300 g Mehl
je 1 Prise Zimt- und Kardamompulver
1 TL abgeriebene unbehandelte Orangenschale
1/2 Würfel Hefe (ca. 20 g)
1 TL Zucker | 50 g Butter
1 Ei
gehackte Pistazien zum Bestreuen
Öl oder Fett zum Frittieren

Zubereitung: 1 Std.
Ruhezeit: 1 Std. 30 Min.
➤ Pro Portion ca.: 155 kcal

1 | Für den Teig das Mehl, Gewürze und Orangenschale in eine Schüssel geben, in die Mitte eine Mulde drücken. Hefe zerbröckeln, mit Zucker und 1/8 l lauwarmem Wasser verrühren und in die Mulde geben. Die weiche Butter in Flöckchen auf dem Rand verteilen. Zugedeckt ca. 30 Min. gehen lassen.

2 | Das Ei verquirlen, zum Vorteig geben und zu einem elastischen Teig kneten (evtl. Wasser zugeben). Zugedeckt weitere 40 Min. gehen lassen.

3 | Für den Sirup Zucker, Honig und 150 ml Wasser 5 Min. unter Rühren einkochen. Orangenblütenwasser einrühren, abkühlen lassen.

4 | Das Frittierfett erhitzen. Aus dem Teig ca. 25 Bällchen formen. Portionsweise im heißen Fett in 4–5 Min. goldgelb frittieren, dabei einmal wenden. Herausnehmen, auf Küchenkrepp abtropfen lassen, warm stellen. Bällchen mit Sirup übergießen und mit den Pistazien bestreuen.

Klassiker aus Portugal

Vanilletörtchen

FÜR 12 TÖRTCHEN

➤ **6 Scheiben TK-Blätterteig (450 g)**
200 g Sahne
2 TL Speisestärke
ausgekratztes Mark von 1 Vanilleschote
6 Eigelbe | 80 g Zucker
abgeriebene Schale von 1 unbehandelten Zitrone
Mehl für die Arbeitsfläche
1 Muffinsform mit 12 Mulden

Zubereitung: 25 Min.
Backzeit: 10 Min.
➤ Pro Portion ca.: 270 kcal

1 | Den Blätterteig auftauen. Backofen auf 225° vorheizen. 4 El Sahne mit der Stärke verrühren. Restliche Sahne mit Vanillemark, Eigelben, Zucker und Zitronenschale in einem Topf gut verquirlen.

2 | Die Eiersahne bei schwacher Hitze unter Rühren erwärmen. Stärke einrühren, unter Rühren weiter erhitzen, bis die Sahne andickt (nicht kochen oder zu stark erhitzen, sonst gerinnt das Eigelb). Vom Herd nehmen.

3 | Die Blätterteigplatten auf einer bemehlten Arbeitsfläche leicht ausrollen, pro Platte 2 Kreise von je 10 cm Ø ausschneiden. Die Muffinsform mit kaltem Wasser ausspülen, Teig in die Mulden legen und andrücken. Die Sahnemasse hineingeben und im vorgeheizten Ofen (Mitte, Umluft 200°) ca. 10 Min. backen. Lauwarm servieren.

◄ *im Bild vorne:* **Vanilletörtchen** *im Bild hinten:* **Sirup-Bällchen**

Klassiker aus Wien

Mohnbeugel

FÜR 10 STÜCK

➤ **Für den Teig:**
1/2 Würfel Hefe (ca. 20 g)
100 ml Milch | 3 EL Zucker
250 g Mehl | 1 Eigelb
100 g Butter
1 Ei zum Bestreichen

➤ **Für die Füllung:**
50 g Zitronat
250 g Mohnback (Fertigprodukt)
2 EL Crème fraîche
1/2 TL Zimtpulver
3 EL Rum (nach Belieben)
3 EL Paniermehl
Backpapier

Zubereitung: 50 Min.
Ruhezeit: 1 Std.
Backzeit: 30 Min.
➤ Pro Stück ca.: 240 kcal

1 | Die Hefe zerbröckeln und mit zimmerwarmer Milch und 1 EL Zucker verrühren. Mehl und restlichen Zucker in einer Schüssel mischen. In die Mitte eine Mulde drücken und das Eigelb hineingeben, die zimmerwarme Butter in Flöckchen schneiden und am Rand verteilen.

2 | Den Hefeansatz zum Mehl geben und alles zügig zu einem glatten Teig verkneten. In eine bemehlte Schüssel legen und 30 Min. abgedeckt im Kühlschrank ruhen lassen.

3 | Das Zitronat fein würfeln (bereits gewürfeltes Zitronat fein hacken) und mit der Mohnmasse, Crème fraîche, Zimt, Rum und Paniermehl vermengen.

4 | Den Backofen auf 180° vorheizen. Den Teig auf einer bemehlten Arbeitsfläche gut durchkneten, dann in 10 Portionen teilen. Die Teigstücke zu Fladen von ca. 12 cm Länge ausrollen (1). Die Füllung portionsweise längs in die Mitte des Fladens geben und den Fladen von der Längsseite her zu einem Hörnchen aufrollen (2). Die Enden gut zusammendrücken. Die Beugel auf ein mit Backpapier belegtes Blech legen.

5 | Das Ei verquirlen und die Beugel damit bestreichen, ca. 15 Min. antrocknen lassen, nochmals mit Ei bestreichen und weitere 15 Min. trocknen lassen (3). Die Beugel im vorgeheizten Ofen (Mitte, Umluft 160°) in 25–30 Min. goldbraun backen.

1 *Den Teig zu einem länglichen Fladen ausrollen, evtl. mit der Hand leicht in Form ziehen.*

2 *Die Fladen von der Längsseite her aufrollen und zu Beugel (Hörnchen) biegen.*

3 *Das Ei gut antrocknen lassen, das ergibt die typischen Risse auf der Oberfläche.*

Klassiker aus Frankreich

Brioches

ZUTATEN FÜR 16 STÜCK

- **1/2 Würfel Hefe (ca. 20 g)**
  3 EL Zucker
  500 g Mehl
  100 ml Milch
  1/2 TL Salz
  1 TL abgeriebene unbehandelte Zitronenschale
  4 Eier
  250 g Butter
  Mehl für die Arbeitsfläche
- **Zum Bestreichen:**
  2 Eigelbe | 4 EL Sahne
  16 Briocheförmchen

Zubereitung: 20 Min.
Ruhezeit: 2 Std. 35 Min.
Backzeit: 25 Min.
- Pro Portion ca.: 275 kcal

1 | Die Hefe zerbröckeln und mit dem Zucker, 100 g Mehl und 50 ml lauwarmer Milch mischen. Zugedeckt 20 Min. gehen lassen.

2 | Restliches Mehl mit Salz und Zitronenschale in einer Schüssel mischen. Eine Mulde in die Mitte drücken, die Eier hineingeben, Butter in Flöckchen auf dem Rand verteilen. Den Hefevorteig und restliche lauwarme Milch zugeben und alles ca. 8 Min. durchkneten. Den Teig in eine bemehlte Schüssel geben und an einem warmen Ort zugedeckt 2 Std. gehen lassen.

3 | Den Backofen auf 200° vorheizen. Den Teig nochmals kräftig durchkneten und weitere 15 Min. gehen lassen.

4 | Den Teig in 16 Stücke teilen. Von jedem Teigstück je 2/3 zu einer Kugel formen, in ein Förmchen geben und eine Mulde hineindrücken. Übriges Teigdrittel zur Kugel formen und in die Mulde drücken. Eigelbe mit Sahne verquirlen und die Brioches damit bestreichen. Im vorgeheizten Ofen (Mitte, Umluft 180°) 20–25 Min. backen.

ungewöhnlich

Cappuccino-Muffins

FÜR 12 STÜCK

- **200 g Doppelrahmfrischkäse**
  4 EL Preiselbeerkompott
  280 g Mehl
  2 EL Kakaopulver
  2 1/2 TL Backpulver
  1 Ei
  120 g Zucker
  75 ml Sonnenblumenöl
  200 ml Milch
  50 ml doppelt starker kalter Espresso
  Muffinsform und 12 Muffins-Papierförmchen

Zubereitung: 15 Min.
Backzeit: 25 Min.
- Pro Portion ca.: 220 kcal

1 | Backofen auf 180° vorheizen. Die Muffinsform mit den Papierförmchen auslegen. Frischkäse mit den Preiselbeeren verrühren. Das Mehl mit Kakao- und Backpulver in einer Schüssel mischen.

2 | Ei verquirlen und mit Zucker, Öl, Milch und Espresso verrühren. Mehlmischung zugeben und unterrühren.

3 | Die Hälfte des Teiges in die Förmchen füllen. Je 1 TL Frischkäse darauf geben und mit dem übrigen Teig auffüllen. Im vorgeheizten Ofen (Mitte, Umluft 160°) 20–25 Min. backen. Dann 10 Min. im Blech ruhen lassen und herausnehmen.

◄ *im Bild vorne:* **Cappuccino-Muffins** *Bildmitte:* **Brioches**

Klassiker aus den USA

Brownies

ZUTATEN FÜR EINE BACKFORM 20 × 20 CM (FÜR 16 STÜCK)

- **100 g Pekannusskerne**
- **150 g Zartbitterschokolade**
- **70 g Butter | 150 g Mehl**
- **1 1/2 TL Backpulver**
- **1 TL Lebkuchengewürz**
- **60 g Zucker**
- **2 EL Zuckerrübensirup**
- **2 EL Milch**
- **1 EL flüssiges Vanillearoma**
- **1 Ei**
- **Backpapier**

Zubereitung: 25 Min.
Backzeit: 30 Min.
Pro Portion ca.: 180 kcal

1 | Backofen auf 180° vorheizen. Nüsse grob hacken. Die Schokolade zerbröckeln und mit der Butter im Wasserbad schmelzen, dabei ab und zu umrühren. Mehl, Backpulver, Lebkuchengewürz und Nüsse mischen.

2 | Den Zucker, Zuckerrübensirup, Milch und Vanillearoma nacheinander unter die leicht abgekühlte Schokoladenmasse rühren. Zuletzt das Ei unterrühren. Die Mehlmischung löffelweise zugeben und gut verrühren.

3 | Die Form mit Backpapier auslegen, Teig einfüllen und glatt streichen. Im vorgeheizten Ofen (Mitte, Umluft 160°) 25–30 Min. backen. In der Form auskühlen lassen, dann in 5 × 5 cm große Quadrate schneiden.

Klassiker aus den USA

Cherry-Pie

FÜR EINE PIE- ODER SPRINGFORM 24 CM Ø (8 STÜCK)

- **300 g Mehl**
- **1 Prise Salz**
- **75 g Puderzucker**
- **175 g kalte Butter**
- **2 Eigelbe**
- **2 Gläser Schattenmorellen (à 350 g Abtropfgewicht)**
- **1 EL Vanillepuddingpulver**
- **7 EL Zucker**
- **100 g Mandelstifte**
- **Fett für die Form**
- **Mehl für die Arbeitsfläche**

Zubereitung: 30 Min.
Kühlzeit: 1 Std.
Backzeit: 30 Min.
Pro Stück ca.: 515 kcal

1 | Das Mehl mit Salz und Puderzucker mischen. Butter in Flöckchen dazugeben und zu Bröseln zerreiben. Nacheinander Eigelbe und 4–6 EL Eiswasser zugeben und zu einem geschmeidigen Teig kneten. 1 Std. kühl stellen.

2 | Die Kirschen in ein Sieb gießen, dabei Saft auffangen. Puddingpulver, 5 EL Zucker und 5 EL Kirschsaft verrühren. 1/2 l Kirschsaft aufkochen, Puddinggemisch dazugeben und 1 Min. kochen. Vom Herd nehmen, Mandeln und Kirschen unterrühren.

3 | Backofen auf 200° vorheizen. Die Form fetten. Ca. 3/ 5 des Teiges auf einer bemehlten Arbeitsfläche ausrollen, in die Form legen, Kirschfüllung darauf geben. Restlichen Teig ausrollen, als Deckel darauf legen und an den Rändern festdrücken. Deckel 8-mal sternförmig einschneiden und mit restlichem Zucker bestreuen Den Pie im vorgeheizten Ofen (Mitte, Umluft 180°) 25–30 Min. backen.

im Bild vorne: **Brownies** *im Bild hinten:* **Cherry-Pie**

fruchtig | saftig

Orangen-Schoko-Cookies

ZUTATEN FÜR CA. 25 STÜCK

- **100 g Zartbitterschokolade**
- **100 g kandierte Orangenscheiben**
- **300 g Mehl**
- **1 TL Backpulver**
- **1 Prise Salz**
- **150 g Butter**
- **150 g Rohrzucker**
- **1 Ei**
- **4 EL frisch gepresster Orangensaft**
- **Backpapier**

Zubereitung: 25 Min.
Backzeit: 12 Min.
Pro Portion ca.: 140 kcal

1 | Den Backofen auf 180° vorheizen. Die Schokolade in grobe Stücke hacken. Die kandierten Orangen fein würfeln.

2 | Das Mehl sorgfältig mit Backpulver und Salz mischen. Die weiche Butter und den Zucker mit dem Handrührgerät cremig rühren. Dann das Ei möglichst rasch unterrühren.

3 | Das Mehl mit einem Löffel unter die Buttermasse rühren, Orangensaft, Schoko- und Orangenstücke zugeben und alles mit den Händen zügig zu einem glatten Teig kneten.

4 | Aus dem Teig ca. 25 Kugeln formen, leicht platt drücken und auf zwei mit Backpapier belegte Bleche verteilen. Die beiden Bleche nacheinander im vorgeheizten Ofen (Mitte, Umluft 160°) 10-12 Min. backen, bis die Ränder der Cookies leicht gebräunt sind. Aus dem Ofen nehmen, erst 10 Min. auf dem Blech, dann auf dem Kuchengitter auskühlen lassen.

Klassiker aus Italien

Amarettini

FÜR CA. 25 STÜCK

- **200 g gemahlene, blanchierte Mandeln**
- **60 g Zucker**
- **2 Eiweiße**
- **1 EL Bittermandelaroma (Reformhaus oder Bioladen)**
- **60 g Puderzucker**
- **Backpapier**

Zubereitung: 40 Min.
Kühlzeit: 12 Std.
Backzeit: 5 Min.
Pro Portion ca.: 70 kcal

1 | Die Mandeln mit dem Zucker mischen. 1 Eiweiß mit dem Bittermandelaroma verquirlen und zu den Mandeln geben. Alles mit den Händen zu einer Marzipan-ähnlichen Masse kneten.

2 | Das übrige Eiweiß und den Puderzucker mit dem Handrührgerät cremig schlagen und unter die Mandelmasse arbeiten. Die Masse in eine Spritztülle geben und walnussgroße Häufchen auf ein mit Backpapier belegtes Blech spritzen. Mit einem Küchenhandtuch abgedeckt 12 Std. trocknen lassen.

3 | Den Ofen auf 225° Grad (Umluft nicht geeignet) vorheizen. Die Amarettini im vorgeheizten Ofen (Mitte) 5 Min. leicht braun backen.

TIPP Im heißen Wasserbad ca. 200 g dunkle Kuvertüre schmelzen lassen und die Unterseite der Amarettini eintauchen.

in der Tasse: **Amarettini** *auf der Untertasse:* **Orangen-Schoko-Cookies**

Kleines Kaffee-ABC

Biedermeier: Spezialität aus Österreich: ein großer Mokka mit Aprikosenlikör (Marillenlikör) und Schlagsahne.

Brauner: österreichische Bezeichnung für eine Schale schwarzen Kaffee mit etwas Milch oder Schlagsahne. Die Farbe variiert je nach Milchmenge.

Café au lait: französischer Milchkaffee, s. Rezept S. 7

Café noir (oder nature): der kleine Schwarze in französischen Bistros.

Caffè: in Italien gebräuchliche Bezeichnung für Espresso.

Caffè corretto: Espresso mit einem Schuss Grappa, Sambucca, oder Cognac.

Caffè latte: italienischer Milchkaffee.

Cappuccino: Espresso mit Milch und Schaumhaube, siehe Rezept S. 7

Einspänner: österreichische Spezialität: mehr als die Hälfte Kaffee mit einer Haube geschlagener Sahne (Schlagobers) in einem Glas serviert. In Frankreich wird Kaffee in dieser Form dann auch als Wiener Kaffee – **Café viennois** – angeboten. Kommt noch ein Schuss Rum oder Cognac dazu, heißt das ganze **Fiaker** – nach den Pferdekutschern in Wien.

Espresso: klein, stark und schwarz wird er in Italien serviert, siehe Rezept S. 8. Will man ihn besonders stark, bestellt man ihn als **ristretto**, will man mehr, bestellt man einen doppelten – **doppio**. Und wer es weniger stark will, ordert **Caffè lungo** oder **Caffè americano** – einen mit Wasser verlängerten Espresso oder gleich den **Caffè macchiato:** Espresso mit ein wenig Milch „gefleckt“.

Kaffee fertig: bedeutet in der Schweiz nicht etwa mit Milch und Zucker, sondern Kaffee mit einem Schuss Obstbrand.

Kapuziner: braun wie die Kutte der Kapuzinermönche ist der österreichische Mokka mit etwas Milch oder Schlagsahne.

Maria Theresia: eine Tasse österreichischer Mokka mit Orangenlikör aromatisiert.

Mariloman: österreichischer Name für einen Mokka oder Espresso mit einem Schuss Cognac.

Mazagran: französische Kaffeespezialität: kalter, gesüßter Kaffee mit Maraschinolikör auf Eis.

Melange: österreichischer Milchkaffee, siehe Rezept S. 7

Kaffee verkehrt: so nennt der Wiener die Mischung aus mehr Milch als Kaffee.

Kahve: türkischer Kaffee, siehe Rezept S. 7

Obermayer: Eine große Tasse Mokka mit einer dünnen Schicht kalter Sahne, benannt nach einem Mitglied der Wiener Philharmoniker.

Pharisäer: norddeutsche Erfindung – hier wird der Rum im heißen Kaffee geschickt unter einer Haube Schlagsahne versteckt.

Schwarzer: schlicht und pur, starker kleiner Kaffee ohne alles aus Österreich – wird auch **Mocca** genannt. Mit mehr heißem Wasser heißt er **Verlängerter** und mit kaltem Wasser gestreckt **Konsul**.

Der besondere Kaffeeklatsch

Bergische Kaffeetafel

➤ Bei dieser Spezialität aus dem Bergischen Land steht natürlich guter Bohnenkaffee im Mittelpunkt; dazu reicht man frische Waffeln, evtl. mit Schlagsahne und Kirschen, Milchreis mit Zimt und Zucker und für alle, die es etwas herzhafter mögen Schwarzbrot mit Quark oder Butter, nach Wunsch mit Honig oder Apfelkraut – ein richtiger Sattmacherkaffeeklatsch!

Italienisches Kaffeefrühstück

➤ Schnell einen Espresso in der Bar auf dem Weg zur Arbeit – so kennt man das italienische Standardfrühstück. Etwas gemütlicher wird es, wenn man sich ruhig hinsetzt und zum Espresso ein Panini oder Tramezzini genießt, evtl. sogar ein kleines Stück kalte Pizza, nur mit Tomatenpürree bestrichen, oder wenn's süß sein soll: ein kleines Plunderteilchen.

Pariser Morgenkaffee

➤ Eine Schale mit dampfendem Café au lait erweckt allmorgentlich die Lebensgeister der Franzosen. Très français dazu: Ein Croissant Stück für Stück in den Kaffee eintauchen und genießen. Wen es nach etwas mehr gelüstet, isst zum Kaffee frische Brioches und Baguette (pur) oder mit Marmelade; etwas später gibt es nichts Besseres zum Kaffee als ein Eclair oder Petit four.

Wiener Kaffeejause

➤ Frisch gebrühter Kaffee und Schlagobers und dazu eine „Mehlspeise" gehören zum Wiener Kaffeevesper. Als „Mehlspeise" kann man z. B. Gugelhupf, Krapfen, Strudel, Plundergebäck, Mohn- oder Nussbeugel, Vanillekipferl und die berühmte Sacher- oder Linzertorte servieren. Für richtige Kaffeehausatmosphäre sorgen dann noch schmelzende Geigenklänge.

New York Breakfast

➤ Neben dem normalen Filterkaffee, der meist unbegrenzt und kostenlos nachgegossen wird, sind heute mit Sirupen aromatisierte Kaffees super trendy. Und wer ihn nicht nur im Pappbecher mit zur Arbeit nimmt, gönnt sich dazu ein Frühstück: mit Eiern und Speck, Pancakes oder Waffeln mit Sirup, herzhaft belegten Bagels oder süßen Donuts und Muffins.

Orientalisches Kaffeedessert

➤ Stark, schwarz und möglichst gut gezuckert – so bildet der kleine Mokka den perfekten Abschluss zum orientalischen Schlemmermahl. Genauso süß wie der Kaffee, sind die Kleinigkeiten und Gebäckspezialitäten, die dazu gereicht werden: z. B. eine sirupgetränkte Baklava oder Sirupbällchen, Gebäck mit vielen Nüssen, Feigen und Honig oder ein Stückchen Halva.

Die Autorin

Tanja Dusy lebt in München. Ihre Leidenschaft fürs Kochen brachte die Fernsehredakteurin über den Umweg der Vox-Sendung „Kochduell", der Arbeit als freier Journalistin und als Köchin in einem Cateringbetrieb dazu, ihr Hobby endlich ganz zum Beruf zu machen. Seit Anfang 2001 ist Tanja Dusy Redakteurin im Gräfe und Unzer Verlag.

Der Fotograf

Jörn Rynio arbeitet als Fotograf in Hamburg. Zu seinen Auftraggebern gehören nationale und internationale Zeitschriften, Buchverlage und Werbeagenturen. Aus seinem Studio stammen alle Fotos in diesem Band. Tatkräftig unterstützt wurde er dabei von seiner Foodstylistin Petra Speckmann.

Bildnachweis

Stockfood, München:
S. 4, S. 5;
alle anderen: Jörn Rynio, Hamburg

Hinweis

Die Temperaturstufen bei Gasherden variieren von Hersteller zu Hersteller. Welche Stufe Ihres Herdes der jeweils angegebenen Temperatur entspricht, entnehmen Sie bitte der Gebrauchsanweisung.

Programmleitung: Doris Birk
Redaktion: Alessandra Redies
Lektorat: Tanja Germann
Korrektorat: Mischa Gallé
Satz: Appl, Wemding
Layout, Typographie und Umschlaggestaltung: independent medien-Design, München
Herstellung: Maike Harmeier
Reproduktion und Druck: Appl, Wemding
Bindung: Sellier, Freising

ISBN 3-7742-6061-3

Auflage 5. 4.
Jahr 2007 06 05

Gedruckt auf Primasilk 130 g/qm holzfrei mattgestrichen Bilderdruck, made by StoraEnso, geliefert von der Papier Union

GRÄFE UND UNZER

Ein Unternehmen der
GANSKE VERLAGSGRUPPE

Das Original mit Garantie

Ihre Meinung ist uns wichtig. Deshalb möchten wir Ihre Kritik, gerne aber auch Ihr Lob erfahren. Um als führender Ratgeberverlag für Sie noch besser zu werden. Darum: Schreiben Sie uns! Wir freuen uns auf Ihre Post und wünschen Ihnen viel Spaß mit Ihrem GU-Ratgeber.

Unsere Garantie: Sollte ein GU-Ratgeber einmal einen Fehler enthalten, schicken Sie uns das Buch mit einem kleinen Hinweis und der Quittung innerhalb von sechs Monaten nach dem Kauf zurück. Wir tauschen Ihnen den GU-Ratgeber gegen einen anderen zum gleichen oder ähnlichen Thema um.

GRÄFE UND UNZER VERLAG
Redaktion Kochen & Verwöhnen
Postfach 86 03 25
81630 München
Fax: 089/41981-113
e-mail: leserservice@graefe-und-unzer.de

GU KÜCHENRATGEBER

Neue Rezepte für den großen Kochspaß

ISBN 3-7742-4888-5

ISBN 3-7742-4908-3

ISBN 3-7742-4898-2

ISBN 3-7742-6335-3

ISBN 3-7742-5460-5

ISBN 3-7742-4889-3

64 Seiten, 7,50 € [D]

Das macht die GU Küchenratgeber zu etwas Besonderem:

- *Rezepte mit maximal 10 Hauptzutaten*
- *Blitzrezepte in jedem Kapitel*
- *alle Rezepte getestet*
- *Geling-Garantie durch die 10 GU-Erfolgstipps*

GU

Willkommen im Leben.

DAS WASSER

- Möglichst kalkarmes, gefiltertes oder evtl. sogar stilles Mineralwasser zum Aufbrühen verwenden.
- Den Kaffee mit heißem, aber nicht mehr kochendem Wasser überbrühen (Idealtemperatur: ca. 95 °). Zu heißes Wasser erhöht den Säuregehalt des Kaffees, ist es dagegen nicht heiß genug, kann der Kaffee bitter schmecken.

Geling-Garantie für Kaffee & Espresso

TÜRKISCHER KAFFEE

- Möglichst fein gemahlenen, nur hell gerösteten Kaffee verwenden.
- Für eine Portion ca. 2 TL Kaffeepulver auf 1/8 l Kaffee nehmen.
- Den Kaffee während des Erhitzens ständig mit einem Teelöffel umrühren. Das ergibt einen schönen Schaum.

GEWÜRZE

- Gemahlene Gewürze wie Zimt, Nelken, Kardamom oder eine Prise Muskat einfach mit dem gemahlenen Kaffee aufbrühen.
- Ganze Gewürze wie Nelken, Zimtstangen, aber auch frischer Ingwer oder Orangenschalen eignen sich für Kaltgetränke: Mit heißem Kaffee übergießen und gut ziehen lassen.

MILCH & SAHNE

- Möglichst nur fettarme Milch verwenden. Vollmilch überdeckt das Kaffeearoma.
- Die Milch in einem Topf erwärmen und heiß zum Kaffee geben.
- Sahne besser nicht zu steif schlagen, sie verbindet sich so cremiger mit dem Kaffee.